LES ÉNERGIES SUBTILES

Achevé imprimer en France.

Cet ouvrage est un descriptif de mon chemin de vie.

Il est là pour prendre connaissance, des êtres, des énergies subtiles, des entités qui nous entourent.

Tout ce qui est écrit est le résultat de mon parcours personnel, d'expériences, de déductions, d'analyses d'a priori, de langage commun, d'attitude, de sortie de corps...

Toutes analyses, autres que celles développées dans les pages qui suivent, seront les bienvenues.

Toutes incompréhensions sur les faits décrits auront droit à des explications complémentaires, si vous le demandez.

En fin d'ouvrage, vous trouverez l'évolution finale de l'espèce humaine par rapport au subtil.

Ça n'engage que moi... ce n'est pas pour demain.

Un petit mot pour débuter.

En 2015, j'ai entrepris cette démarche à la suite d'événements importants qui m'ont fait comprendre que si je voulais arriver au but que je m'étais fixé, aider et soulager l'humanité dans l'évolution de tous les jours. Je devais le faire sur des fondements solides, stables, et non sur des choses acquises entre deux portes.

Une envie très forte de vouloir me servir d'un don que j'ai depuis fort longtemps, que je ne pouvais plus maîtriser.

Par exemple :

— *Une remise en cause de mes raisonnements qui m'ont été inculqués, mais aussi de ma façon de penser.*
— *Obtenir une plus grande spiritualité.*
— *Atteindre une plus grande sensibilité.*
— *Atteindre un parler vrai.*
— *Une sensibilité plus importante par l'ouverture du cœur.*

À travers cet ouvrage, je vais vous raconter ma rencontre avec plusieurs personnes, mises sur mon chemin, mais nullement pas par hasard. Elles m'ont fait découvrir l'étendue de mes méconnaissances sur quelques points particuliers de l'ésotérisme. Il me fallait absolument le développer, l'éclaircir, le creuser.

Au commencement.

—Lorsque j'étais plus jeune (10 - 12 ans) il m'arrivait d'être envahi par des poussées de chaleur que je ne pouvais pas maîtriser. Cette situation se retrouvait lorsque j'allais dans les bois chercher des champignons, je pensais que la nature me repoussait. Je n'avais aucune explication sur cet état de fait.

—Un peu, plus tard, j'avais lu un article sur le pouvoir du magnétisme. Comme expérience amusante, il en retournait la mise en évidence de la pousse de graines de haricot. Il fallait avoir deux verres de même taille, disposer du coton hydrophile au fond des récipients, trouver un endroit où les conditions d'évolutions étaient favorables.

—La distance entre les verres était d'au moins 20 cm. Il fallait mettre les graines dans du coton et imbiber ce dernier d'eau. Prendre un verre (toujours le même), placer les mains de chaque côté (face-à-face), garder cette position pendant 10 minutes, puis le remettre à sa place. Faire cette manipulation tous les jours pendant trois semaines, aux mêmes heures (si possible). Lorsque le coton sèche, refaire le niveau d'eau dans les deux verres. On ne touche pas au deuxième verre pendant toute la durée de l'expérience.

—La conclusion de cette expérience est évidente. Dans le verre magnétisé, la germination des graines de haricot a été quatre fois plus rapide. Il y avait là, quelque chose qui attirait ma curiosité.

—À 40 ans, des événements particuliers m'ont fait comprendre qu'il y avait d'autres entités autour de nous ….

—Ayant été muté pour le travail dans les Pyrénées-Orientales, j'avais la responsabilité d'une équipe. À l'occasion d'une visite Génie Civil sur un canal d'amené d'eau de trois kilomètres, j'avais remarqué de nombreuses fois à un endroit bien précis, qu'une importante chaleur m'envahissait.

—Pour avoir plusieurs informations, je demandais à mon équipe (trois personnes) de me dire leur ressenti sur ce passage. Ils se sont regardés, ils m'ont assuré que pour eux, il n'y avait rien de particulier...

Deux faits déclencheurs, essentiels, se sont déclarés pendant les vacances en Normandie plages du débarquement.

(*1*)—Pendant la visite au cimetière américain, j'ai été assailli par des entités subtiles qui étaient allongées dans leur tombe. Des cris épouvantables de souffrances, de demandes d'aides pour trouver la sérénité et le passage définitif vers la paix.

—Après une prière pour l'ensemble de toutes ces entités en souffrance, la gorge nouée, ne pouvant pas dire un mot, les yeux pleins de larmes, je m'empressais de quitter ce lieu épouvantable. Cette sensation m'a poursuivi longtemps et de temps à autre, remonte à la surface.

—Les âmes errantes étaient toujours là, cherchant à retrouver la paix et la lumière après une mort non voulue soudaine et brutale. J'ai bien compris que nous n'étions pas seuls sur cette terre. Malgré le décès de la forme humaine, il restait encore quelque chose de ces personnes communicantes, interférant avec le monde du vivant et criant au secours, demandant de l'aide, afin de retrouver la sérénité.

(2)—Alors que nous prenions un bain de soleil avec une amie (chose rare en Normandie/Bretagne) celle-ci me fait remarquer l'apparition de taches blanchâtres le long de ma colonne vertébrale. Ne l'ayant pas remarqué, je lui réponds que c'est certainement la dépigmentation de la peau, j'irais voir le médecin dès notre retour.

—À mon retour, je pris rendez-vous chez le médecin, il posa son diagnostic après auscultation "dépigmentation de la peau". Une pommade fera l'affaire, me dit-il ! Pendant deux mois.

—Seul et ne pouvant pas faire ce massage, la pharmacienne du village me proposa son service dans son officine. Au bout d'un mois, elle m'indique de faire ce soin par une infirmière libérale à la maison. Je contacte donc une infirmière, après une quinzaine de jours, je décide d'aller voir mon médecin. Il m'établit une prescription, mais aussi une obligation de voir un spécialiste en dermatologie.

Ma Prise de rendez-vous chez un dermatologue.

—En voyant mon dos celui-ci veut me faire faire deux prélèvements, un pour les envoyés à Toulouse, l'autre à Montpellier pour analyse. Une semaine après voici le retour de mes résultats.

—Pendant ma consultation avec le spécialiste, il m'indique que cette maladie est un cas rare, que l'on ne pourra malheureusement pas en venir à bout, et qu'il pourra uniquement ralentir sa progression.

—Il me demande mon accord pour prendre une photo et l'insérer dans la bibliothèque universitaire. Me voilà devenu un cas pour science ! (Chose qui ne me convient pas...)

—Malgré cela, les soins avec l'infirmière à domicile ont bien évidemment continué. Un mois après, l'infirmière se lasse d'intervenir. Il n'y a pas de rémission de la maladie. Elle me propose d'aller voir un de ses amis, qui est Rebouteux et Magnétiseur. Elle me signifie qu'il fera ce qu'il peut.

—Je prends donc rendez-vous avec lui **Alain.Y**. Il s'agissait d'un bonhomme grand et costaud, bien enveloppé avec des mains immenses et épaisses. Je m'assieds et je commence à retirer ma chemise. En me voyant faire, il me dit de remettre ma chemise, d'enlever mes chaussures et mes chaussettes, de m'allonger sur le dos, sur sa table de soin.

—Il me prend les pieds pour me faire un massage, j'avais la sensation qu'il m'enfonçait des aiguilles dans les orteils...

—N'y tenant plus, je lui indique mon mal, et lui demande de bien vouloir se couper les ongles...

—L’homme avec un sourire, me présenta ses mains, il me fait remarquer que ses ongles sont propres, bien taillés et entretenus...

—Je lui demande pourquoi tant de souffrance. Il me répond qu'il est en train de remettre en état tous mes organes qui en avaient bien besoin.

—Effectivement, au bout de 2 à 3 minutes, je n’avais plus du tout de souffrance, tout aller bien. (En fait, je l'ai su plus tard, il pratiquait un soin de réflexologie).

—À la fin du soin de réflexologie, il m'informe que la dépigmentation est sur les vertèbres X/Y/Z.

—Étonnamment surpris, il résume ma vie (même intra-utérine), avec toutes les diverses maladies et opérations que j’avais subies. Le tout avec une exactitude surprenante. Il me demande d'enlever ma chemise pour effectuer le soin sur la dépigmentation et de m'allonger sur le ventre.

—Il prit alors un stylo "BIC" Cristal, le démonta (enleva le capuchon et la mine). Il ne lui restait que le corps du stylo dans la main. Il le porta à sa bouche, et ce mit à souffler sur les dépigmentations pendant 2 à 3 minutes. Satisfait de son intervention, il me demande de me rhabiller.

Avant de partir, Il me dit !

Je voudrais faire un test sur vous, pour savoir si vous avez quelques aptitudes, mais aussi tester votre magnétisme naturel.

—Curieux, je lui indique que je suis d'accord. Il dessine quelques spirales dans le sens des aiguilles d'une montre puis une autre en sens inverse, une croix puis un trait avec deux flèches de chaque côté. Le pendule en main, je m'aperçois à mon grand étonnement que celui-ci réagit fortement à tous les tests.

—Je lui demande, quel est son avis. Il m'indique que j'ai énormément de magnétisme. Curieux, je lui pose la question suivante. Mais je fais quoi, avec ce magnétisme ?

Il me répondit :

Lorsque tu seras prêt à l'utiliser, tu auras ta réponse... !

Il me demande de revenir dans quinze jours pour une deuxième séance.

—Lors de cette deuxième séance, il me demande d'enlever ma chemise, et constate l'évolution de la dépigmentation, il y a du mieux me dit-il... !

—Pour ma part, je n'avais pas le moyen de savoir l'état d'avancement de ma maladie.

—La séance avec le stylo comme précédemment recommença. Au bout de 2 à 3 minutes, le soin avec le stylo était terminé. Je me rhabille, et il me demande s'il peut faire un soin complémentaire sur moi, simplement pour voir.

—Tout à fait d'accord, je remonte donc sur la table de soin, je lui demande s'il faut que je retire mes chaussures ? Il me répond que ce n'est pas la peine. Je m'allonge donc sur le dos.

—Il commence alors à me faire quelques passes sur le corps, puis dirige ses mains vers mes pieds. Pendant ce temps, je regardais le plafond en attendant que le soin se termine.

— À ce moment-là j'ai l'impression qu'il essaie de me retirer mes chaussures. Au bout de quelques minutes, voyant qu'il n'y arrivait pas, je lui propose de le faire moi-même. Pour ce faire, je redresse la tête pour l'aider.

Stupéfaction et Étonnement.

—Je m'aperçois que mon corps tout entier est bien allongé sur la table, en revanche, le thérapeute **Alain.Y** se trouvent à 50 cm de la table, avec dans ses mains .... Mes pieds ! (Chose hallucinante).

—Mes pseudos pieds sont reliés à mes jambes, mes jambes sont reliées à mon bassin. Elles sont de couleur gris/bleu, flexible, tubulaire et remontent en formant un arc de cercle dans ses mains !

—En fait, je le vois avec une paire de jambes de chair et d'os et une autre paire virtuelle élastique de longueurs différentes à la première paire.

—Voyant que j'avais relevé la tête, **Alain.Y** me sourit, en me disant, tu as tout vu ! Je lui réponds "Oui"

—Il me demande quelle sensation cela vous procure, je lui réponds ; "une sensation de bien-être général".

—Après ce soin bien particulier, l'homme me demande encore de revenir dans quinze jours, m'informant que vu la rémission de la dépigmentation, ce sera la dernière.

—En sortant de son cabinet, m'interrogeant sur ce qui venait de se passer, après une petite réflexion, je suis persuadé et convaincu que je ne suis vraiment pas seul. Voilà une chose que je dois clarifier.

—Effectivement, la dernière séance a été identique aux deux autres (avec son stylo). Il consolide le soin, m'indique que le muscle le long de la colonne vertébrale a été atteint, qu'il n'y a plus de trace de dépigmentation et surtout, il n'y aura pas de suite. Hé voilà...

Depuis, je ne suis plus un cas pour la science médicale.

Lors de visites suivantes **Alain.Y** m'indique que je serais certainement muté d'ici un an et demi, en me disant le Mois le Jour et le Lieu. J'ai indiqué cette prédiction à un collègue de travail pour vérifier ses dires. Vous n'allez pas me croire, mais cette prédiction s'est révélée exacte.

—Ayant vu, ce que j'ai vu, ne comprenant pas tous ces phénomènes, j'entrepris de chercher quelques explications par mes propres moyens.

—N'étant guidé par personne, cherchant de l'information, je suis allé dans une librairie pour acheter quelques livres traitants sur différents sujets ésotériques.

—J'ai pris quelques livres qui me semblaient bien, et par lesquels je me sentais attiré.

—Je portais mon dévolu sur un livre. La lumière sur le royaume (Alexandre Moryason). Il traite la pratique de la magie sacrée au quotidien. Pour dire simplement, « la magie blanche ». Pour moi, c'était quelque chose qui allait dans le bienfait et dans la protection de la famille, de l'humanité dans son ensemble.

—À cette époque-là, j'habitais à Quillan, j'avais un poste avec astreinte qui me demandait de rester à la maison au cas où…

Les séances se déroulaient de la manière suivante :

1—Ouverture de la séance.

2—Mise en place d'un pentagramme et pentacle.

3—Allumer des bougies de différentes couleurs suivant le cas et l'orientation.

4—Faire quelques incantations humanitaires.

5—Quelques incantations de protections pour la famille.

6—Fermeture de la séance.

(*1*)—Tout cela se passait bien sans souci. Mais tout a changé avec des incidents non expliqués ;

—J'étais au bureau dans l'attente d'avoir un correspondant téléphonique me permettant d'avancer dans mon travail, j'essayais de faire bouger machinalement un stylo qui traînait sur mon bureau.

—J'effectuais de petites passes avec les mains en demandant de faire rouler le stylo. Tout d'un coup, au lieu de rouler doucement, ce stylo a été catapulté à environ 3 m de mon bureau et avec violence. Surpris et un peu inquiet, je décidais de ne plus renouveler cette expérience, sans plus !

(*2*)—Une autrefois, alors que je revenais de réunion de travail dans l'après-midi, dans l'Aude, il y a eu un étrange événement.

—Pour revenir à mon bureau, il y a tout un parcours. Il faut passer par les gorges de l'Aude (**La Pierre Lys**). Sur ce retour un peu sinueux, il y avait un tunnel d'une soixantaine de mètres. Juste avant de m'engager dans le tunnel, soudainement, un guerrier style Japonais s'est fixé sur le pare-brise de mon véhicule. Il avait l'air très menaçant, il était habillé comme un Samouraï, brandissant d'une main une épée dirigée vers moi, et un bouclier dans l'autre. En fait quelqu'un de terrifiant qui me mit mal à l'aise.

—Je ne sais pas comment j'ai fait pour traverser le tunnel sans perte de contrôle de mon véhicule, mais je l'ai passé. Cet instant m'a paru interminable. Suite à cette aventure, un intense mal de tête avec des bouillonnements internes, j'avais l'impression que j'allais me trouver mal. Cette impression a duré une semaine. Je me suis dit qu'il fallait arrêter de réaliser mes séances d'ésotérisme sur la magie blanche au plus tôt. En arrivant, chez moi, je supprimais tous les supports et bougies,,,,,. Je décidais aussi d'arrêter de penser à l'ésotérisme.

Je pense que cette pratique est dangereuse lorsque l'on ne sait pas avec quelle force on joue.

Pendant cinq ou six ans, tout s'est bien passé, mais, mais, mais…

—Je me suis aperçu qu'il n'était pas facile de s'arrêter, de ne plus penser à cette chose cachée. Bien que je m'interdisse de penser, un travail de fond sur ce sujet était en train de se réaliser tout de même, et ceci malgré moi. Impossible d'y échapper.

Mutation de Quillan à Tarascon-sur-Ariège.

—Après une longue et d'infructueuses recherches d'une habitation bâties, je décidai d'acquérir un terrain constructible. Après avoir réalisé les plans, les démarches administratives, je décidai de confier le gros œuvre (hors d'eau, hors d'air) à une entreprise, je réaliserais le reste. En même temps, je faisais un contrat avec l'énergie universelle céleste en spécifiant que :

Si le restant à faire sur ma future habitation se faisait sans encombre (finir les travaux en bonne santé, financement au plus court).

Je me mettrais à la disposition de l'énergie universelle pour soulager, soigner et former les personnes qui le demanderont, divulguer la connaissance qui m'a été révélée.

—J'ai pu faire ce genre de contrat, car bien que je ne voulusse pas revenir dans une expérience précédente, un travail de fond continu se faisait de plus en plus pressant et présent.

—Une augmentation de dégagement de chaleur corporelle intense, à tel point qu'il m'était impossible de supporter une moindre chemise, T-shirt sur le dos.

—Des décharges électriques venant du sol, suivi de chair de poule, remontant le long d'une jambe, remontant le long de la colonne vertébrale, arrivant à la tête puis redescendant vers la terre. Puis disparition de cet effet. Ceci de manière de plus en plus rapprochée.

—Au niveau de mes mains, là aussi, une chaleur importante avec la sensation qu'à la liaison du poignet et de la main, une immense lame énergétique de couleur blanche dépassée.

—Lorsque le sujet de l'ésotérisme se présente, un changement rapide de la couleur de la paume des mains devient rouge.

Les énergies et Vibrations.

—En public, l’absorption des énergies et des vibrations de personnes environnantes se traduit par une augmentation de ma température corporelle, et ce, jusqu'à sa stabilisation.

—Voilà donc le résultat du travail de fond des énergies sur moi.

—Le contrat avec l'énergie universelle étant rempli, il ne me restait plus qu'à remplir le mien.

—N'étant pas une personne trop pressée, je ne faisais pas ce qu'il fallait, pour avancer sur la deuxième partie du contrat passé avec les énergies universelles.

—Ma préoccupation était de limiter les effets désagréables que me procurer les énergies et les vibrations. J'étais constamment à la recherche d'un stage pour calmer les énergies trop présentent en moi.

—Dans une revue, je suis tombé sur un stage de **REIKI** qui se déroulait en très haute Ariège. Il y avait 7 participants (es) qui venaient essentiellement acquérir davantage d'énergie.

—Personnellement, je venais pour en avoir moins, mais aussi pour pouvoir la contrôler. J'ai donc appris la technique du **REIKI**. À la fin de ce stage, je n'étais pas particulièrement convaincu, mais je savais de quoi il s'agissait.

—Pour valider ce stage, il fallait réaliser à la maison un rituel pendant 21 jours, consistant à placer les mains sur 2 chakras opposés en même temps avec l'intention de faire passer de l'énergie.

—Il se passa quelque chose d'étrange, je ne pouvais pas équilibrer le chakra de la gorge et du cœur, si ce n'est d'atroces douleurs. J'ai appelé mon maître **REIKI**, je lui ai expliqué le problème, mais il ne me donna pas plus d'explication. Trois semaines plus tard, j'ai eu un problème cardiaque avec mise en service d'un pacemaker. Peut-être une coïncidence, mais. Merci au **REIKI**.

—Pour arriver à mes fins, j'ai décidé de remettre en question au plus tôt et au plus vite tous les points qui me posent un problème, entre autres les problèmes énergétiques.

Les 06 et 07 juin 2015, le salon tendance ZEN à Saint Lizier en (Ariège)

Je suis allé à ce salon accompagné d'**Hélène.P** ou nous avons pris chacun un PASS de (3 soins) pour la journée.

—J'ai opté pour ; la méthode **ACMOS**, un Guérisseur Magnétiseur, et une Kinésiologie avec **Élisa.J**.

Dimanche

—L'énergie qui sort de mes mains est devenue fraîche et douce au lieu d'être brûlante. Ceci a duré pendant une heure.

—Je me suis senti calme.

—Une élimination urinaire importante.

—Quelques envies de vomir.

—Les mouvements d'énergie à l'intérieur de mon corps ont disparu.

—Beaucoup de mal à dormir dû à une excitation importante.

Lundi

—Un bain salé.

—Beaucoup de mal à rester dans la baignoire (10mn)

—Une sueur importante.

—À la sortie, l'intérieur de mes mains est devenu rouge foncé, tout et redevenu normal au bout d'une heure.

—Je suis très calme.

—Quelques palpitations.

Mardi

—Une nuit excellente.

—Pendant mon bain salé, l'impression d'avoir réalisé un voyage externe (décorporation, le temps est passé à une grande vitesse.)

—Mon rêve. Ouverture de la poitrine pour exposer mon cœur au monde.

—Apparition d'un ange (aile, cheveu bouclé, trompette !)

—Journée très paisible.

Mercredi

—Une bonne nuit, calme.

—Quelque idée noire de passage malsain (non définie qui me donne envie de vomir !)

—Un bain salé.

—Un voyage externe :

—Je combat avec un dragon immense 10 fois plus grand que ma taille. Je n'arrive pas à le vaincre, des idées noires me poursuivent. Un Ange arrive, il combat le dragon en le rendant de plus en plus petit jusqu'à ce que celui-ci disparaisse.

—Journée calme.

Jeudi

—Une nuit calme.

—Un appel irrésistible d'aller dans les bois -> vélo -> 50 km.

—Dans l'après-midi, je demande aux arbres de bien vouloir m'aider dans l'épreuve que je m'inflige.

—En repartant de dessous les arbres, une sensation bizarre d'être dans un œuf. Il se fissure, je sors.

—J'entraperçus un monde différent avec la sensation de légèreté due à l'abandon du poids du corps que toutes ces références au monde actuel n'étaient que superficielles, qu'il fallait tout remettre en question. (La maison, les biens matériels, la vie actuelle...)

—On me faisait miroiter de nouvelles découvertes, idées qui m'intéressent, j'étais prêt à voir le tout dans le détail, mais la fissure dans l'œuf s'est refermée...Je suis resté dans le monde actuel ....

Vendredi

—Palpitations importantes à 2h30 (je m'ausculte rien à signaler.)

—Quelques idées noires passent dans mon esprit, je n'arrive pas à les éliminer.

—Dans la journée, je décide de prendre le problème des idées noires à bras-le-corps.

— Je prends rendez-vous avec :

Bénédicte.D (01/07)

Élisa.J (02/07)

Lionel.B (03/07)

—Je compte sur leurs connaissances et compétences pour sortir de cette situation qui me déplaît fortement.

Samedi

—Perte de poids significative.

—Impression que l'on me met les mains sur le haut du crâne en permanence (16h00 à 21h00) -> interprétation -> protection.

—Impression de redécouvrir la nature -> interprétation -> œil neuf sur la nature, redécouverte.

Jeudi

—Sortie dans le jardin la nuit (03h00) pieds nus. Vibrations directes des épaules vers l'arrière du crâne à plusieurs reprises.

Mercredi

—Visite chez **Bénédicte.D**

—Quelqu'un est en train d'essayer de me déstabiliser.

—Un mélange permanent d'énergies.

—Une personne décédée est accrochée à moi. Elle est à l'origine des idées noires. Il faut trouver le moyen pour que cette personne lâche prise et repose dans la paix là où elle devrait être.

— **Bénédicte.D** me dit qu'une visite à Fatima ou à Lourdes est nécessaire.

Jeudi

—Visite chez **Élisa.J**

—Je lui explique ce que m'a dit **Bénédicte.D**

—**Élisa.J** va faire le nécessaire pour faire disparaître la personne qui est accrochée à moi (durez 1h30).

—**Élisa.J** fera le nettoyage du Chakra du cœur du thymus, glande située au niveau du cœur (1h00).

—La fin des soins devra être consolidée par 7 bains salés.

Vendredi

—Visite chez **Lionel.B**

—Protection de mon studio

—Demander la protection de Dieu, Marie (flamme violette), Archange Gabriel et Archange Mickaël. Nettoyage à la Sauge, Minéral, Labradorite et Améthyste. Après les soins, se laver les mains et les bras. Une fois par mois, faire un nettoyage et une dépollution énergétique.

Samedi

—Un bain salé.

—Une personne tient un linge d'un blanc éclatant. Dans ce linge, il y a un nouveau-né. La personne qui tient le nouveau-né est habillée avec des vêtements de couleurs vives. Elle présente le nouveau-né à quatre personnes assises en cercle autour d'un foyer en plein désert. Les quatre personnes autour du feu sont habillées en noir (ce sont les quatre générations cotées maternelles.), mais elles ne disent rien.

—Dans l'après-midi :

—Sous un chêne, je demande de réveiller le petit homme qui est en moi. Un ange me présente une petite boîte en bois. Je l'ouvre. À l'intérieur, il y a un fœtus endormi. Nous sommes reliés par un cordon ombilical. Je lui demande de se réveiller et de grandir. Ce qu'il fait. Désormais, je l'écoute et prend toute sa place.

—Vers 23h00 envies de vomir.

Dimanche

—Forte envie de vomir.

—Mon magnétisme est trop important, je vais me décharger dehors, sur les arbres. Le calme revient très rapidement.

—Bain salé.

—Un squelette rôde dans mon cerveau. (Interprétation -> Ça doit être une de mes anciennes façons de penser, d'agir). Je lui demande de sortir. Il tourne dans tous les sens. Un Ange ouvre une porte et force le squelette à sortir. Après quelques hésitations, il sort. L'Ange fait disparaître la porte pour qu'il évite de revenir.

—Le petit homme prend toute sa place.

—Disparition de la colère. Elle est remplacée par de la paix et de la sérénité.

—Je demande que la lumière entre en moi.

—L'après-midi :

—Sanglots par saccades. Je ne sais pas pourquoi ! Mais ça fait du bien et ça calme. Les choses bougent, un certain travail s'effectue !

Lundi

—Bain salé.

—Je suis au fond d'une piscine vide. Je suis en train de finir le nettoyage, mais il n'y a pratiquement plus rien à nettoyer. Le sol est blanc.

—Interprétation -> tout ce qui devait disparaître à disparu -> il ne me reste qu'à faire le plein de bonnes et de nouvelles énergies.

Mardi

—Bain salé. Rien !

—Départ pour Lourdes pour donner suite à la demande de **Bénédicte.D**

Mercredi

—Bain salé.

—Intronisation Ange -> accueil parmi l'assemblée ?

Jeudi

—Bonne nuit.

—Bain salé. C'est le dernier bain.

—**Hélène.P** est à ma gauche. Nous regardons droit devant.

—**Hélène.P** se déplace et fait semblant de partir. Elle se retourne et me demande de l'accompagner. Nous montons aux cieux et nous nous installons en dessous de la trinité.

—Nous sommes en joie, en sérénité et en paix.

—On nous ordonne de revenir sur terre avec sévérité pour accomplir la mission pour laquelle nous sommes destinés.

—**Hélène.P** dans ce compte rendu, c'est la première fois qu'une personne étrangère intervient à ma problématique personnelle.

Vendredi

—En soirée forte fatigue.

—La nuit a été bonne.

Samedi

—Au réveil décontraction complète, pas de crispation, tout est calme, en sérénité, et en paix.

—Tension 12/7. Température 37.2

—Dans l'après-midi :

—J’ai l'impression d'avoir la tête dans du coton. Elle est toujours à ma gauche. Elle fait mine de partir, de m'abandonner, elle se retourne en souriant et vient m'enlacer, avec de gros éclats de rire.

Dimanche

—Bain salé.

—Vélo, je reviens en colère sans raison.

—Deuxième bain salé.

—J’en ressors en paix.

Mardi

—Après le feu d'artifice de la ville de Foix, à quelques kilomètres de mon habitation. Je ne peux plus écouter la musique, elle me dérange, je ne peux plus entendre certaines notes, elles me font mal à la tête.

Mercredi

—Visite chez **Élisa.J** pour traitement du thymus.

—Pendant le traitement, j’ai une sensation que ma pesanteur au niveau de la poitrine diminue. Il me semble que je suis plus léger et débarrassé de nombreuses et vieilles émotions inutiles.

—Prochain rendez-vous le 27/07 pour vérifier le fonctionnement du thymus et pour des soins kinésiologues.

Vendredi

—Une fois de plus, les pendules changent de sens de rotation. Ils tournent dans le sens horaire.

—Question ; pourquoi ?

—Changement de sens de rotation plusieurs fois dans la même journée.

Samedi

—Bain salé. Rien !

—Dans la matinée, violents maux de tête (à vomir) pendant une demi-heure. Ce violent mal de tête passe par enchantement, avec l'impression qu'il y eut une intervention externe.

Dimanche

—Sous la douche :

—Question qu'est-ce qui m'empêche de voir à l'intérieur de moi-même ? J'ai l'impression qu'il y a un mur que je n'arrive pas à démolir.

—Pourquoi ? Y a-t-il des choses cachées, des non-dits.

Mardi

—Visite chez **Éric.A**

Jeudi

—Visite chez **Patrick.A**

Lundi

—Visite **Élisa.J**

—Recentrage du corps éthérique.

—Élimination de parasite.

—Vides du thymus. Cette pratique est particulière. Elle fait un bien fou.

Vendredi

Entretien avec **Lionel.B**

—Cette remise en question s'est déroulée pendant un temps très court et sur divers sujets c'était ma volonté. Le "remue-méninges" a été assuré et pas facile à assumer. Je pense que l'intégration totale de tout ce qui a été remis en question prendra certainement un peu plus de temps, je verrais bien.

—Cette expérience n'a pas été facile, avec des hauts et beaucoup de bas, sans pouvoir, sans savoir pourquoi ceci dit ça n'a aucune importance. L'essentiel était d'atteindre le but fixé.

—On peut remarquer dans le défilement des faits précédents que les bains salés permettent de faire une décorporation plus rapide, de voyager dans le subconscient pour faire disparaître, et chasser les entités négatives pouvant s'y cacher.

Connexion aux voies célestes.

—Après les différents stages (**Magnétisme**, **Chamanisme**, **Reiki**) des lectures diverses et variées (**EFT**, **AORA**) qui m'ont appris les techniques différentes de connexion à l'astral ceci dans le but d'alléger les séances de soin pour aller à l'essentiel.

—J'ai fait un tri sur ce qui me paraissait intéressant à retenir par rapport à des lourdeurs de mise en œuvre non essentielles dans la procédure à la réalisation des soins.

—Ce qui m'a amené à réaliser la dissociation entre le corps physique et les corps subtils. Ce genre de pratique ne me cause aucun problème ni difficulté, se faisant avec beaucoup de rapidité.

—Comme on nous l'explique dans les stages, on cherche à séparer le corps éthérique du physique. Les corps éthériques s'élèvent, le physique reste sur place. La méthode consiste (mentalement) à se délester de la pesanteur du corps.

—Lorsqu'on s'élève, on se voit étendu sur le canapé. Si l'on persiste, on demande à s'élever plus et plus haut.

—Ça se traduit par : (Je me vois sûr)

—Le canapé.

—Au-dessus du canapé.

—Au-dessus de la maison.

—Au-dessus du village.

—Au-dessus du département.

—Au-dessus de la France.

—Au-dessus de l'Europe.

—Au-dessus du monde.

—Au-dessus de la terre.

—Lorsque mon emploi du temps ne me permettait pas de continuer, je redescendais pour faire d'autres activités de la vie courante.

—Comme cette activité de décorporation (voyage Astral) mettant facile et bénéfique, lorsque j'avais quelques instants de liberté, j'en profitai pour repartir dans mes décorporations. Bien entendu, je reprenais du début pour arriver très rapidement là où j'en étais resté la dernière fois. Je continuais à m'élever et à m'éloigner de plus en plus haut.

—Au-dessus de la Lune.

—Au-dessus de Vénus.

—À ce passage, je remarque que mon corps de forme physique était devenu virtuel. Lors de ces voyages, ma forme sera dorénavant, un **Vortex**. Cela m'a étonné et surpris un certain temps.

—Lorsque j'étais sur terre ce changement de structure pendant ma décorporation, me revenait sans cesse.

—Le fait que je sois en voyage Astral impliquait que ma forme physique humaine n'était plus nécessaire, puisque j'étais passé de la matière à l'énergie.

—Ce changement de structure vient du fait que lorsque l'on est en corporation, le physique (tel qu'il est sur terre) ne sert à rien, pas besoin de jambes, de bras, de cœurs, poumons et pas d'air, pour alimenter la carcasse humaine puisque je suis devenu énergie.

Comme disait Albert Einstein ; "rien ne se perd, tout se transforme"

Cette explication me semblant logique, je l'ai adopté.

—Au-dessus de Vénus.

—Au-dessus de Mercure, et pourquoi ne pas finir autour du Soleil.

—Cette idée me paraissant intéressante, je n'ai pas hésité une seconde.

—Par la suite, après de nombreuses coupures dans mes pérégrinations astrales. Je retourne sur une orbite solaire toujours sous forme de **Vortex**.

—Après quelques révolutions autour du Soleil, il me vient une envie soudaine d'aller voir ce qu'il se trouve à la surface de cet astre. Je décide d'aller immédiatement sur la surface solaire, pour voir.

—Sur celle-ci, une atmosphère lourde et pesante me faisait penser à la surface craquelée volcanique elle laissait passer de temps à autre de la lave en fusion. La chose la plus étonnante et surprenante est de voir une immense muraille (semblable à la muraille de Chine) d'une longueur infinie. Ma curiosité m'a poussé à la parcourir.

—À ma grande surprise, je découvre qu'une grande ouverture est faite dans cette muraille. Cette ouverture est fermée par un énorme portail. Entre le portail et la muraille, je vois un filet de lumière blanche intense. Je vois d'innombrables petits **vortex**, qui tournent sur eux-mêmes, se cognant, se repoussant de manière anarchique.

—Tous ces **vortex** semblent identiques, je me jette dans la mêlée en me disant que tous sont en attente derrière cette ouverture, et vu le nombre, je ne suis pas près de passer pour découvrir ce qui se trouve derrière.

—J'ai fait quelque aller, retour, à chaque fois la même scène, une énorme cohue entre les différents **vortex** avec quelque chose d'extraordinaire à chaque choc avec les autres, je ressentais un grand bonheur inexplicable (j'y reviendrais plus tard.)

—Jusqu'au jour, où, en étant devant ce portail, je me suis retrouvé seul avec le dernier. La seule différence qu'il y avait entre lui et moi était sa taille. J'étais devenu un géant et lui étais resté tout petit comme à l'origine. Je me suis dit "tien, c'est à mon tour de passer par le portail et découvrir ce qui se cache à l'intérieur du Soleil".

—Le contact, c'est fait entre nous deux, j'ai été renvoyé avec force sur terre dans mon enveloppe humaine, dans un état de super éveil ! Pas très content de cette opération, j'ai essayé de me reconnecter, revenir pour en savoir un peu plus, mais rien à faire.

—Alors que j'essayais de revenir, j'ai reçu soudainement une énorme cascade de flux énergétique, d'une blancheur éclatante, venant du ciel en m'indiquant que j'étais connecté à l'énergie universelle céleste en permanence. On m'a fait savoir aussi que tous les contacts et chocs que j'ai bien pu avoir lors de mon attente derrière le portail, étaient des informations importantes pour mon évolution et celle de l'humanité.

Les Thérapeutes.

Intervenante **Hélène.P**

—Cette personne est une amie, Je la remercie du fond du cœur pour sa patience, son écoute, ses conseils, ses avis éclairés, sa gentillesse, sa douceur. Elle sera pour moi une grande amie. Suite à une déception amoureuse avec une autre personne et n'arrivant pas à remonter la pente, elle finira par m'abandonner.

—J'ai donc entrepris d'avancer dans cette aventure, seul. J'en profite pour remercier **Hélène** pour m'avoir délaissé, cela m'a demandé un investissement beaucoup plus important pour avancer dans cette démarche et peut-être, je suis allé plus loin grâce à cet événement.

Intervenants thérapeutes **Bénédicte.D**

Médium, Magnétiseur.

—Ma première rencontre a été assez courte. Je suis allé voir cette personne pour savoir ce que je devais faire pour me servir des dons que j'avais et surtout comment les employer.

—Elle me demanda d'aller sur le site de Fátima ou de Lourdes. Lourdes étant le plus près, je décidai d'y aller au plus tôt.

—Arrivé sur ce beau lieu de pèlerinage, je passais le long des différentes stations du chemin de croix du Christ. Une station m'interpella "**Assomption**". Là, une montée d'émotions enserre ma gorge avec des spasmes pendant 10 minutes sans pouvoir les arrêter. Puis retour à la sérénité et au calme. Je rentre chez moi avec l'esprit tranquille.

—Deux ans après cette incursion à Lourdes, je suis allé revoir **Bénédicte.D**. Ma deuxième rencontre n'a eu rien à voir avec la première. Alors que j'entrai chez elle pour un soin, elle me regarda.

Me dit ;

Tu en sais beaucoup plus que moi sur le sujet qui t'intéresse, tu as reçu ce qui te manquait à Lourdes.

—La conversation s'est arrêtée là et divergée vers d'autres sujets.

Kinésiologie, **Élisa.J** équilibre énergétique.

—Depuis un certain temps, il m'arrivait assez souvent et de manière de plus en plus rapprochée d'avoir des remontées d'énergie venant de la terre. Ceci se traduit par de la chair de poule qui remonte des pieds, puis le long des jambes, les hanches, la colonne vertébrale, puis jusqu'à hauteur du cerveau. Cette onde redescend et repart vers la terre, alors tout redevient normal.

—En juin, j'envisage de découvrir le chemin de randonnée qui se trouve de l'autre côté du ruisseau (le **SCIOS**) avec une certaine hésitation non justifiée !

—Je m'engage, au bout d'une centaine de mètres, je ressens des ondes énergétiques qui remontent du sol. Ce phénomène est alternatif d'un pied à l'autre. Je m'arrête et attend comme d'habitude que ce phénomène s'estompe et disparaisse.

—Cette fois, l'onde reste sur moi provoquant un désordre assez désagréable dont la description est la suivante ;

—Mon corps est coupé en deux du haut vers le bas, la coupure de la séparation est de l'avant vers l'arrière. La face avant du corps est chaude, la face arrière du corps est froide et inversement avec une fréquence rapide. Cette situation dure pendant plus de deux jours, elle est très désagréable.

—Connaissant **Élisa.J** je l'appelle et lui explique le phénomène, me fixant un rendez-vous d'urgence (samedi 20/06).

—Son diagnostic est le suivant ;

—Vous avez, une aura hypertrophiée, surdimensionné. En vous promenant dans ce chemin, vous avez attrapé une entité négative qui s'est accrochée à vous.

—**Élisa.J** va donc réduire mon aura, recentrer l'ensemble des corps énergétiques puis tenter de supprimer cette entité. Elle s'aperçoit que l'énergie qui est en moi est en perpétuel mouvement et très désordonné. Après une heure et demie, le soin est terminé. Pour consolider le soin, des bains d'eau salée sont recommandés (une baignoire pour un kilo de sel, durée 1/2 heure, un bain par jour, 3 bains au total).

—Je lui parle du contrat que j'ai passé avec les entités supérieures (réalisation de mon habitation sans souci) ainsi que du peu d'empressement à réaliser ma part du contrat, « soigner avec une augmentation de la spiritualité de l'humanité ».

—Entendant mes paroles, elle me propose de me laisser son local de soin pour que je commence immédiatement. C'était une bonne action, je refusais son option, lui promettant que dans les quinze jours, mon installation serait réalisée. Ce qui fut fait, avec appréhension.

—Pour mon premier patient. Je comptais sur différentes lectures et stages pour m'appuyer et savoir comment procéder.

—**Élisa.J** m'indique qu'il y a sur moi une entité, qui vient d'une personne décédée au moment de ma naissance ! (Je reparle de ce sujet plus bas dans le texte.)

Lionel.B Psychogénéalogie, hypnothérapeute, médium.

—Je suis allé voir cette personne pour avoir une idée sur le fait que je sois le seul dans la famille à avoir une profonde accointance avec l'ésotérisme.

—La séance se déroule par hypnose téléphonique. **Lionel.B** à Avignon, moi, en Ariège ! Il y aura deux rendez-vous espacés d'une quinzaine de jours. Un premier rendez-vous, généalogie de la mère, le second celle du père.

(*1*)—Rétablissement de la généalogie sur 5 générations (côté maternel)

—Recherche des personnes.

—Remise en place de ces personnes dans l'arbre généalogique.

—Les personnes déjà décédées sont en noir, les personnes vivantes sont en couleurs !

—Télé hypnose.

—Je lui demande à deux reprises si un hôte s'était installé sur moi.

Réponse : elle est partie. Il ne relève pas, donc elle est effectivement partie.

—La recherche de l'ésotérisme qui me poursuit viendrait de la troisième génération cotée maternelle. Cette troisième génération était en fait des Accoucheurs, Magnétiseurs, des personnes utilisant des médecines non- conventionnelles ainsi que des passes pour guérir. Ils ont mal fini (sur un bûcher) J'ai donc hérité de ce don.

(*2*)—Rétablissement de la généalogie sur cinq générations (côté paternel)

—Recherche des personnes.

—Remise en place de ces personnes dans l'arbre généalogique.

—Les personnes déjà décédées sont en noir, les personnes vivantes sont en couleurs !

—Télé hypnose.

—Dans l'ensemble, tout s'est bien passé. (Mieux que du côté maternel, aucune difficulté pour voyager)

—Pas de surprise particulière, révélation de beaucoup de non-dits dans la famille « mais ça, je le devinais déjà » !

—Découverte de membres de la famille que j'ignorai.

Éric.A Voyant – Cartomancien – Médium - Protection des personnes.

—À plusieurs reprises, j'ai été informé et mis en alerte sur la personne qui m'était reliée. Je me suis inquiété et mis en tête de rechercher qui était cette personne. Ma recherche a été rapide, puisqu'une seule personne répondait aux critères.

—Il s'agit de Paul **GERMA**, mon oncle décédé d'une mort violente pendant la guerre en d'Indochine, une quinzaine de jours après ma naissance.

—Vu qu'il avait le même prénom que le mien, j'ai recherché dans la famille, qui avait ce même prénom. J'ai donc questionné ma mère, elle me dit qu'il y avait bien d'autres personnes (2 à 3) qui portaient ce prénom.

Des cousins très éloignés dont je n'avais pas connaissance, mais aussi, mon petit-fils.

—Vu ce qui s'était passé avec mon oncle défunt, sous incitation de certains thérapeutes et surtout pour moi-même, je décidai de prendre rendez-vous avec **Éric.A**.

—Le but de ce rendez-vous est d'obtenir une protection permanente pour moi, mais aussi, et surtout pour mon petit-fils pour que cet héritage d'entité non désirée sur les vivants cesse. De toute façon, je suis le seul à pouvoir mettre un terme à cette transmission.

—Tous les nettoyages ont été correctement faits, l'accompagnement des autres thérapeutes a été efficace.

—Il me demande une photo de deux à trois ans. Il m’indique que la personne sur la photo et moi sommes vraiment différentes. Un grand pas vers la sérénité et la paix a été fait, pas de maladie détectée.

—Une consolidation de cette protection est nécessaire. Cette consolidation se fera au mois d'août sur 4 séances selon les positions lunaires. Cette consolidation devra être réalisée également pour Béatrice, Paul Labatut. J'en profite pour lui demander d'intégrer Fabien ainsi que tous mes petits-enfants.

—Le 31/08 fin de cette consolidation il me faudra appeler **Éric.A**. Pour lui faire un compte rendu de la consolidation ainsi que du résultat.

—À partir du 31/07 et jusqu'aux 29/08 protections de ma famille directe.

—Le dimanche 05/08, j'avais l'intention d'aller à un salon ésotérique à Cazères (31). J'étais prêt à partir, les clefs de voiture dans les mains, une force m'a empêché de sortir.

—Une grosse fatigue m’est tombée dessus, je me suis relaxé sur le canapé. J'ai dormi exceptionnellement toute l'après-midi (de 14h00 à 18h00).

—J'en déduis que ma volonté a été modifiée, que l'on m'a imposé de ne pas aller à cette manifestation (je ne sais toujours pas pourquoi !), sûrement pour mon bien, ce qui sous-entend que le hasard n'existe pas.

—Nous sommes programmés dès notre naissance pour réaliser certaines choses sur terre. Ces actions, seront répétées autant de fois jusqu'à ce qu’elles soient acquises.

—Le 15/08 je me suis levé avec comme sensation de voler au-dessus des nuages et que plus rien ne pouvait m'atteindre.

—Fin août, comme convenu, je fais le compte-rendu à **Éric.A**.

—Il m'indique avoir fait la protection sur toute la famille (mes enfants, mes petits-enfants et moi-même). Cette opération a été réalisée un dimanche (correspondance avec mon énorme fatigue). Pour lui une grande facilité d'exécution vu ma grande réceptivité du moment. Cela sera définitif lorsque j'aurai fait le nécessaire avec Paul Germa. J'ai bien compris le message.

Pour vous expliquer ce qu'il fallait que je fasse.

—À savoir, le corps humain est entouré de corps subtils. Lorsque la mort intervient de manière brutale, l'enveloppe humaine meurt immédiatement, mais, l'enveloppe subtile persiste et ne comprend pas ce qui se passe. Elle se raccroche au dernier-né.

—Donc, c'est pour cela que je suis le seul à pouvoir arrêter cette lignée et protéger mes descendants.

—Pour ce faire, je me suis rendu sur la tombe de Paul Germa, à Montbrun-Lauragais, j'ai appelé l'Âme de de Paul Germa et demandé l'aide de « l'Énergie universelle céleste ». Suite à sa mort violente, son âme est entrée en errance. Elle cherche à savoir ce qui s'est passé, comprendre pour enfin finalement trouver la lumière et la paix.

J'ai dit à Paul **GERMA** :

—Que sa mission sur terre était finie.

—Qu'il était temps de rejoindre ses amis et compagnons de route du moment.

—Que les passeurs d'âme dirigent son âme vers le chemin de la lumière, pour trouver ses amis qui l'attendent dans la joie, la paix, la lumière et l'amour.

« La paix, la sérénité et l'aide seront sa nouvelle mission »

—J'ai demandé que cette requête soit réalisée sans délai, j'ai remercié les forces universelles, les passeurs d'âmes pour leur Aide et Action.

—Que cette âme soit enfin prise en compte par l'Énergie universelle et apaisée.

Patrick.A

Magnétiseur – Rebouteux à Lavelanet.

Estelle.T

Médium de naissance, Passeuse d'âme.

Pourquoi (**PATRICK**)

—Un jour, alors que j'étais dans mon jardin, dans l'après-midi, mon genou droit se mit à enfler au point qu'il a fallu faire appel au médecin. On décela une hémorragie interne. Une cautérisation fut réalisée à l'hôpital du CHIVA (FOIX). Après cette opération, tout se passait bien.

—Je fus pris à nouveau, d'un mal extrême qui s'empara de cette articulation. Après de nombreux examens et d'analyses, il fut détecté une inflammation de poche synoviale entourant le genou (épaisseur 10 au lieu de 1,5 mm !)

—Après les analyses de cette poche, on découvrit que cette inflammation était due à un staphylocoque contracté lors de ma dernière opération. La rééducation fut programmée.

—Au total surinfections 9 mois d'arrêt de travail, mais aussi une cicatrice de 20 cm.

—Malgré un travail de construction, d'infiltrations pour pouvoir remarcher correctement, une souffrance et une gêne restent présentes.

—Je décidai de rechercher un magnétiseur-rebouteux.

—En prenant mon annuaire téléphonique, ne connaissant personne de sérieux sur le sujet, je fis confiance à mon instinct. Je me suis arrêté sur **Patrick.A**

—C'est un vrai magnétiseur.

—Sérieux, compétents, Direct, peu bavard, très professionnel.

Il a trouvé ;

—Que tous les chakras étaient bloqués sauf celui du cœur.

—Que l'énergie ne pouvait pas circuler à l'intérieur de mon corps.

—Il a remis tout en ordre.

—Test sur mon magnétisme -> 90% (pas de problème pour exercer)

—En tant que rebouteux, il remit les nerfs et tendons à leur place en les dénouant sous ses doigts. De plus, lors de ma visite, il recousait mes corps subtils autour de mon genou de manière virtuelle.

—Par curiosité, j'ai demandé quelle était cette manipulation ?

—Il m'expliqua que lors d'une opération chirurgicale entraînant une ouverture au niveau du corps humain, il y a forcément une cicatrice.

—Les chirurgiens referment la plaie (faite de chair et de sang). Pour eux, l'opération est terminée. Ce qu'il faut savoir, c'est que le corps humain est entouré de corps subtils.

—Si on veut avoir une image représentative, il faut imaginer une poupée gigogne russe, la plus petite des poupées est entourée de plus grosses, toutes protègent la plus petite.

—La plus petite poupée étant la forme humaine de notre corps, les autres représentent les différents corps subtils.

—Pour reprendre le sujet sur les chirurgiens, lorsqu'ils ont entaillé et recousu une plaie, ils coupent aussi les corps subtils. La conséquence est que la plaie béante des corps subtils laisse s'échapper l'énergie du corps.

—Cette perte d'énergie est la cause de fatigue intense avec un temps de récupération plus important. Les corps subtils sont à l'image du corps humain, une discordance entre les deux entités provoque une difficulté supplémentaire pour un retour en bonne santé.

—Pour revenir à mon genou, il a recousu la plaie virtuelle en réparant les corps subtils uniquement en faisant la même opération que les chirurgiens ! Cette opération terminée, je reprenais la direction vers mon logement. Pendant le parcours, je remarquais que la douleur avait entièrement disparu.

—Lors d'une autre visite, j'étais allongé sur le dos, il remarqua qu'il y avait un problème sur mon bassin entraînant un problème au niveau des jambes. Il prit le problème en compte et remit mon bassin dans la bonne position.

—Étant allé voir des orthothérapeutes, pour le même problème et la souffrance occasionnée, je n'étais pas trop rassuré.

—Comme précédemment évoqué, ses deux mains de 5 à 10 cm de chaque côté de mon bassin **Patrick** pris l'image éthérique de mon bassin (sans contact avec mon corps physique), le remit en place sans aucune souffrance. Un miracle !

« C'est le même sujet que l'opération par un médecin »

La conclusion que je peux émettre est la suivante :

Le corps humain est entouré de corps subtils, ils interfèrent l'un sur l'autre. Aussi, il faut avoir une attention bien particulière sur cet état de fait.

Plusieurs choses à retenir sur ce sujet.

—Le corps humain est entouré de corps subtils.

—Les deux corps sont intimement imbriqués.

—Une discordance entre ces deux corps entraîne des ennuis de santé.

—Ces deux corps doivent fonctionner en symbiose (je reviendrais sur ce sujet plus bas.)

Il me vient une réflexion.

—Le corps humain gère par l'intermédiaire du cerveau tous les sous-ensembles et ensemble du corps humain et entre autres, les membres inférieurs et supérieurs. Lorsqu'un membre est immobilisé temporairement le cerveau fait savoir qu'il faut éviter d'utiliser ce membre, sous peine de souffrance. On immobilise le membre et on prévoit un moyen de substitution pour les différents mouvements et déplacements.

—Lorsque le membre est rétabli, un signal est envoyé au cerveau. Une rééducation fonctionnelle permet de retrouver de la force et de l'énergie jusqu'à ce que le cerveau fasse la proprioception du membre rétabli.

—Lorsqu'il y a une amputation d'un membre, j'ai souvent entendu les plaintes de personne au niveau du membre disparu (**Membre fantôme.**) (**DMF.**)

—Comme indiqué ci-dessus, le travail d'amputation ne se limite pas uniquement à un travail chirurgical, il faut aussi intégrer et faire savoir aux corps subtils que ce membre n'existe plus.

—Pour cela, il faut réaliser une amputation virtuelle sur les corps subtils (identique au chirurgical) sur le patient. Ne pas faire cette intervention virtuelle implique une perte énergétique importante de la personne et une discordance entre le corps humain et subtil. D'où les douleurs ! Fatigue !

—Lors d'une visite au cabinet de **Patrick**, je fis la connaissance de sa compagne **Estelle**, une belle personne avec la faculté d'être médium et passeuse d'âmes.

—Lors d'une de mes visites, j'évoquai à **Estelle** ma sensation de n'être pas seul chez moi ! Sensation d'avoir des personnes, ombres, des courants d'air importants autour de moi.

—Un jour, alors que j'étais assis devant mon ordinateur, j'ai eu la sensation que quelqu'un me soulevait la chemise dans mon dos. Elle me proposa de venir à la maison pour faire le point dans mon habitation.

La séance commença de la manière suivante.

—**Estelle** était accompagnée de **Patrick**, nous étions chargés (**Patrick** et moi) de mettre dans chaque pièce de l'encens sur tige puis de l'allumer, de visionner comment se diriger la fumée de combustion. Suivant la manière de combustion, de l'orientation de la fumée **Estelle** intervenait ou pas.

—L'intervention d'**Estelle** consistait à passer dans les pièces, endroits et recoins ou la combustion se passait mal.

—Elle restait immobile sans rien dire, avec un cahier et écrivait par écriture automatique, de longues phrases sans regarder. Elle dialogue avec les entités.

Au bout d'un moment, elle me dit :

Ça y est, elle ou-il, est parti, affaire suivante. Cette intervention à durée 2 heures 05.

« Elle trouva 19 entités dans la maison »

Curieux, je lui demandai !

Que font-elles chez moi, alors que j'ai construit moi-même une grande partie de celle-ci ? Je suis le premier habitant de ce logement.

—**Estelle** me répondit :

—Tu vois beaucoup de personnes dans les lieux que tu fréquentes. Ces personnes portent sur elles des entités qui ne sont pas toutes bienveillantes, ces personnes le savent ou pas. Lorsque tu arrives dans ces endroits, ces entités étrangères te perçoivent assez rapidement. Elles perçoivent ta connexion permanente à l'Énergie universelle céleste qui se caractérise par une immense colonne blanche qui te suit ou que tu sois.

—Ces énergies malfaisantes viennent directement se coller sur toi. Lorsque tu reviens chez toi, ces énergies négatives ne peuvent pas rester sur toi, car ton énergie les dérange. Alors elles cherchent un endroit dans ton habitation où elles pourront se réfugier.

Je lui demande que fais-tu pour les faire partir ?

—Ces entités sont loin d'être agréables, leurs conversations sont bien pires et parsemées d'injures, entre autres. De plus, j'indique à ces entités qu'elle n'habite pas là et qu'elles n'ont rien à faire dans cette maison. Je reste stoïque et leur rends coup pour coup, je leur demande d'abandonner cette maison ou de subir une transmutation divine d'un passage vers la lumière. Ces face-à-face sont souvent longs, mais, comme Estelle m'indique, je ne peux pas baisser la garde et abandonner.

—Voilà une expérience pour le moins cocasse. Finalement, pour un certain temps, tout allait bien. Je trouvai l'intervention d'**Estelle** efficace, mais. Ça n'a pas duré.

—Rebelote avec **Estelle** et **Patrick** pour recommencer cette opération, mais en plus, il a fallu rajouter des protections avec des pierres ou cristaux (lithothérapie) dans chaque pièce et dans tous les angles.

—Pour éloigner les entités non invitées, un crucifix sera mis sur chaque entrée ou passage. Depuis plus de problèmes, tout va bien, mais le combat fut rude.

Depuis cette intervention, mon chien **ODIN** trouve mon cabinet de soins très agréable et à sa convenance.

—Je précise que pendant cette intervention **Patrick** était en soutien lorsque les entités négatives étaient trop puissantes contre **Estelle.** À deux, c'est toujours mieux.

Éric.F Magnétiseur – Formateur

—Formation magnétisme.

—Technique de respiration.

—Découverte de la lithothérapie.

—Découverte de l'encens.

—Utilisation du pendule.

En fait, pas de découvertes particulières.

Parlons de quelques stages.

« Stage de communication avec les arbres et les entités de la nature »

—Au début de mon propos, j'ai précisé que lorsque j'étais en forêt, une excitation et un énervement m'envahissaient. Voulant tirer cette réaction au clair, je décidais de faire un stage sur ce sujet. À cette époque, il me semblait que j'étais rejeté par la forêt.

—Pour ce stage de communication avec les arbres, nous sommes allés dans la campagne, où il y avait quelques arbres magnifiques et remarquables. On nous a demandé de nous mettre dessous et d'exprimer notre ressenti.

—Lorsque je suis à l'abri de leur ombre, je me sens prisonnier, étouffé. En m'éloignant, j'informais notre guide que l'ensemble (du tronc et des feuillages) me semblait compact d'un seul tenant sous un voile englobant les feuilles, les branches, le tronc.

—Je pensai, à l'époque, que l'animal était différent du végétal. Que l'animal était le seul à avoir une Aura. Tel était le problème de mon incompréhension.

—Avec pour seule information que le végétal est un copié-collé, de l'animal. Il en découle que les êtres, (Animal, Végétal et Minéral) sont tous identiques, mais avec des spécificités différentes. La différence est le taux vibratoire qui est lié à la structure moléculaire. Plus la structure est stable, plus la vibration est basse, et inversement.

Il en découle qu'il faut prendre soin de tous les éléments naturels autour de nous, de les respecter, de les protéger.

—Aujourd'hui, lorsque je vais en forêt, je demande la permission de m'accueillir parmi eux. Ils sont reconnaissants et me donnent la permission de venir les rencontrer. Je choisis un arbre d'un certain âge qui me convient (de préférence un chêne) pour l'enlacer.

—À cet instant, il y a un équilibre énergétique qui se crée dans un temps plus ou moins long, se traduisant par « la chair de poule » sur le corps tout entier avec des circulations énergétiques. Lorsque tout est au même potentiel et en équilibre, tout s'apaise.

—À cet instant, la force vitale de l'arbre prend le dessus. J'ai remarqué une chose lorsque je vais voir la forêt pendant les saisons du printemps ou d'été. Je ressens que l'arbre me pousse à grandir avec lui et m'entraîne vers le haut.

—Pendant les saisons de repos d'automne ou d'hiver, c'est le contraire, je sens que je m'enfonce dans le sol. Je pense que je ressens la circulation de la sève montante ou descendante. (Il n'y a que moi qui le dis).

—Pendant ma connexion avec l'arbre que je choisis, les arbres des alentours me demandent pourquoi cet arbre et pas un autre ? Je leur réponds que je ne peux pas faire la connexion avec tous, par contre, je demande à l'arbre avec lequel je suis connecté de faire suivre les informations ainsi que mes messages à tous ses collègues aux alentours par voie terrestre (voie racinaire).

—Si l'on compare un végétal à l'humain tous les deux fonctionnent de la même façon, la différence est que l'un et statique, l'autre dynamique. Tous les deux afin d'assurer leur viabilité ont le même niveau de besoin. La Terre, la Lumière, le Soleil et l'Eau.

—L'humain à les moyens de se déplacer, il est favorisé, il peut se mettre à l'abri.

—Le végétal étant statique est obligé de s'adapter et pour cela, il est dans le partage obligatoire. Tout le monde a remarqué, qu'être à l'ombre d'un arbre est plus agréable et bien différent que l'ombre d'un parasol, ou d'une véranda.

—L'ombre d'un arbre est plus fraîche que la terre, qui elle, est en interaction avec le feuillage. Dans un groupement d'arbres, il ne travaille pas pour lui-même, mais pour l'ensemble de la forêt. L'humidité sous son feuillage n'en reste pas là.

—Par l'action du vent et du soleil, une grande partie de cette humidité est déplacée vers ses congénères. De son côté, il reçoit l'humidité et la fraîcheur des autres placés en amont. Ainsi, le partage est équitable.

—Ces mouvements d'humidité au-dessus des forêts ressemblent à des rivières aériennes. Je porte une grande estime aux arbres, car ils sont des régénérateurs et absorbeurs d'énergies.

Petit exemple :

—Un jour, une personne est venue pour une consultation pour un grand stress et une grosse colère qu'il n'arrivait plus à maîtriser. (***La colère est un état qui est induit souvent par les autres***). C'était une personne à la physionomie d'un pilier joueur de rugby. En le voyant et sans explication, je lui demande de se connecter au chêne en apposant les deux mains l'une face à l'autre sur le tronc et de se laisser aller. Il s'exécuta.

—Quelles minutes après, je l'entendis gémir, pleurer à gros sanglots suivis de spasmes. De temps à autre, il me demandait de l'excuser, j'ai répondu que j'étais content de sa réaction, qu'il pouvait continuer sans limites de temps. Lorsque son émotion sera calmée, nous pourrons effectuer le soin dans une ambiance plus sereine et favorable.

—L'énergie des arbres est importante, elle absorbe les énergies négatives pour les transférer en énergies positives. Elle recharge l'humain en énergie positive, tout en le déchargeant des énergies négatives.

Encore une petite histoire.

—Il y a peu de temps, comme chaque année, il fallait que je rabatte les branches d'un mûrier platane stérile qui faisait des pousses annuelles de 2,50 m par an. Je ne passais pas loin de la chute de l'échelle. Pour éviter l'accident, je décidai de l'abattre. Ce fut fait rapidement. Il ne restait plus que la souche, mais, mais, pas que.

—Alors que la souche était au niveau du sol, je voyais le tronc ainsi que son feuillage subtil qui subsistait et dépassait dans la continuité de la souche. Ce corps subtil (Aura) était de **couleur gris bleu**.

—Voyant l'énergie qui s'en échappait, j'ai fait ce que je fais dans ce cas-là, je me mets debout sur la souche et absorbe cette énergie perdue. En disant que cette énergie sera utile et servira aux vivants qui en auront besoin ou, qui le demanderont.

REMUE-MÉNINGES

Interaction entre deux mondes.

Quelques questionnements et interrogations.

(*1*)—Comment se fait-il que dans de grandes fratries, certains ont des facilités pour des métiers techniques, d'autres pour des Travaux manuels, Artistiques, Littéraires, Médecine ? Tous, étaient particulièrement doués dans leur métier.

—La question est particulière, car cet ensemble de frères et sœurs ont été élevés dans un même foyer avec les mêmes Pères / Mères, Grands-parents et Aïeux, la même éducation, la même génétique et pourtant avec des attirances différentes de développement personnel. Il y a quelque chose qui se cache là-dessous. J'y reviendrais plus bas.

(*2*)—Lors de mes soins, j'ai souvent entendu ce type d'affirmation « **Moi, je ne crois qu'à ce que je vois** ». Je réponds systématiquement « **lorsque vous écoutez de la musique sur votre poste radio, l'orchestre est-il dans votre appareil ? Il n'y a personne, mais ça marche** ! »

—Il en va de même pour la télévision et autres appareils électroniques. Il existe bien quelque chose que l'on ne voit pas qui fait que tous ces appareils fonctionnent.

(*3*)—Une automobile est un objet, elle ne peut pas se déplacer sans son conducteur. Le conducteur est bien un élément extérieur à la voiture. N'importe quel conducteur peut conduire, il est bien un élément indépendant au véhicule.

—Si on désire garder le véhicule le plus longtemps possible, il faut faire des entretiens, remplacer les pièces d'usure, les fluides, les filtres.

—Il en va de même pour le conducteur. Les visites chez son médecin sont fortement recommandées, pour faire le point, avec à l'appui, des contrôles et d'analyses périodiques.

—Ainsi va la vie, jusqu'à ce que le véhicule n'ait plus la capacité de répondre à l'attente de son propriétaire. Ayant une durée de vie limitée, plus ou moins longue suivant l'utilisation, il est emmené à la casse pour élimination. Le conducteur rachète un autre véhicule correspondant à ses exigences qui auront évolué, et repart.

Ainsi va la vie.

Ce fonctionnement de couple : la voiture / le conducteur, peut-être transposé dans la formulation suivante :

—L'âme est le conducteur.

—Le corps est le véhicule.

Petite conclusion et recommandation.

—Prends soin de ton corps, si tu veux que ton âme reste avec toi.

(*4*)—Je suis toujours étonné d'entendre les personnes dans leur ensemble, s'exprimer sur la conscience, l'émotion, l'imagination, l'inspiration, l'intuition. Bien souvent, ils situent ces sens, soit au cerveau ou au cœur.

—Ses deux organes cerveau et Cœur font partie du corps humain. Ils ont des fonctions comme bien d'autres particulièrement liées à l'autonomie du corps humain. De ce fait, on ne peut pas dire qu'ils assurent une fonction ésotérique. Lorsqu'on vous opère d'un de ses organes, on n'entame pas vos convictions ni vos ressentis !

—Comme pour le fonctionnement de la Radio, de la Télévision, de l'Automobile, quelque chose, que l'on ne voit pas, est ajouté au corps humain.

Les cinq sens physiques du corps humain sont bien connus de tous.

Pour mémoire :

— *La Vue.*

— *l'Odorat.*

— *Le Goût.*

— *l'Ouïe.*

— *Le Toucher.*

Les cinq sens subtils qui sont liés au corps humain (mais qui n'en fait pas partie.)

Sont pour mémoire :

— *La Conscience.*

— *l'Émotion.*

— *l'Imagination.*

— *l'Inspiration.*

— *l'Intuition.*

Mais où sont-ils situés ?

—Pour revenir au véhicule et à son chauffeur lorsque le véhicule ne peut plus assurer sa fonction, il est abandonné et dirigé vers la casse. Pour sa part, le chauffeur voulant toujours se déplacer va chercher un autre véhicule plus adapté à ses propres besoins.

—Hé bien, pour l'homme, c'est la même chose. Lorsque l'humain meurt, son corps arrête toute fonction et devient une dépouille.

La définition d'une dépouille est la suivante :

—*Peau arrachée à un animal.*

—*Mue de serpent.*

—*Corps humain après la mort.*

C'est la perte de quelque chose pour l'humain, ce sont les corps subtils. (Définis plus haut)

En clair, lorsque l'humain décède, la partie matière est éliminée, plus aucun lien ne nous relie à cette dépouille.

—Ce qui nous relie avec la personne disparue, ce sont les liaisons virtuelles avec les entités subtiles entourant cette personne.

—Cependant, au même titre que le chauffeur d'un véhicule, ces entités retournent d'où elles viennent, mais restent disponibles en cas de besoin.

—Comme disait Antoine, Laurent de Lavoisier (1743 - 1794) reprit par Albert Einstein. (À l'origine du grec Anaxagore de Clazomènes, en 450 avant JC !)

« Rien ne se perd, rien ne se crée : tout se transforme »

—Avec cette citation, on remarque que la dépouille humaine va alimenter et enrichir la terre, les corps subtils retournent d'où ils venaient (rien ne se crée).

Ainsi pour parler plus clairement.

—La matière est énergie et l'énergie est matière. Il est évident qu'un élément peut être matière et/ou énergie lorsque l'on change un élément externe.

—Pour imager cette phrase : l'eau peut être à la fois solide comme de la glace ou éthérique (Gazeux) comme de la vapeur. Pourtant, il s'agit d'un même élément. Ici, la variante est la température.

Je parle de corps subtils, mais de quoi s'agit-il.

—Pour parler de cela, il faut que je parle de nos origines. L'homme est le résultat de transformations, d'évolutions pour s'adapter à la vie. Sa survie en milieu terrestre est le résultat d'évolutions génétiques qui fait que nous sommes devenus actuellement. Cette évolution est lente mais en marche.

—De ce fait, tous nos sens sont pratiquement identiques avec ceux des mammifères avec des caractéristiques particulières. Pour l'humain le plus remarquable est son cerveau. Pour le reste, ces facultés et sens, reste dans la moyenne naturelle.

—Pour la vision, nous voyons le spectre lumineux compris entre infrarouge et ultra-violet. Toutes les fréquences en dessous et au-dessus de ce spectre nous sont invisibles, mais sont bien présentes.

—Dans l'univers qui nous entoure nous ne sommes pas seuls, toutes les énergies subtiles sont réunies et vont dans un **vortex** universel constitué de mémoires et d'acquis universels.

—Au même titre que la famille terrestre, la famille subtile existe. C'est là que l'on retrouve les âmes de nos chers disparus, mais ceci reste invisible à nos yeux.

—Une naissance est le résultat d'un acte d'amour entre deux personnes. Au moment de la naissance des hommes, la vie se renouvelle, mais pas seulement !

—Lorsqu'un être subtil s'incarne dans un corps humain, il amène avec lui sa conscience, son Karma et la mission de vie qu'il est venu réaliser sur terre. Cela constitue sa mémoire d'âme.

—De son côté, le corps physique qui reçoit cet être est porteur d'informations provenant de notre vécu terrestre et temporel, de notre planète Terre, et aussi des lignées familiales - maternelle et paternelle - dont on est issu. Cela constitue la mémoire du corps.

—Ainsi, chaque individu possède deux mémoires ; celle de son âme et celle de son corps. Or, il convient que les deux mémoires fonctionnent en harmonie. Car si ce n'est pas le cas, des troubles vont apparaître dans sa vie, ou dans le corps de la personne.

De ce fait, nous avons et appartenons à deux familles :
Une terrestre, l'Autre subtile.

Petite explication :

—Par « être subtil » j'entends un ensemble de fréquences entourant le corps humain. Ces ensembles de fréquences sont intégrés en couche successive, mais ne se mélangent pas, car leur taux vibratoire n'est pas le même.

—Pour donner une image sur sa représentation, il faut se reporter à la poupée russe. C'est un ensemble de poupées, qui s'emboîte les unes sur les autres. La plus petite représente le corps humain, les autres poupées représentent les corps subtils qui vibrent à fréquences différentes.

—Dans cet exemple, on voit très bien la plus petite des poupées sont protégées par toutes les d'autres. Je soutiens cette affirmation et j'insiste sur les protections qu'apportent les autres poupées à la plus petite.

—Pour faire un parallèle avec le corps humain et les poupées gigognes, la maladie arrive sur le corps humain lorsque les corps subtils sont endommagés (voir soin avec **Patrick**).

—Les corps subtils ont un nom. Les noms ou les dénominations ne sont pas définitifs, elles peuvent changer suivant les Médecines, les Thérapeutes, les Personnes... :

— *Corps spirituel.*

— *Corps mental.*

— *Corps émotionnel.*

— *Corps vital.*

— *Corps éthérique.*

— *Corps physique.*

Le cycle de la vie, de la mort.

—La naissance est un acte réalisé entre deux personnes. Lors de la fécondation, en plus de l'acte sexuel, il vient se greffer une étincelle divine. Comme expliqué ci-dessus, elle s'accroche sur l'image humaine du nouveau-né. Elle le quittera que lorsque le lien entre l'humain et le divin sera rompu.

Tous les individus, sans exception, sont unis de cette manière.

—Cette étincelle divine apporte son lot d'antériorité, sa fonction principale, à mon avis, est d'élever le taux vibratoire de la personne et par voie de conséquence de l'humanité (il y a du boulot !) permettant l'évolution de l'humain sur terre.

—Lorsque je parle d'évolution, il s'agit là, d'évolution mentale, spirituelle, physique, cognitive ...) Pour cela, cette étincelle divine vient sur terre, prend comme véhicule un corps humain (le nouveau-né), s'accroche à lui par un lien qui ne pourra être rompu que par le décès de la personne.

—Lorsque ce décès intervient, l'étincelle divine retourne chez sa famille d'âmes. À son retour céleste, l'expérience terrestre sera analysée pour évaluer s'il y a évolution, régression, stagnation spirituelle, et envisager une nouvelle expérience terrestre dans d'autres conditions, ou dans des milieux différents. La boucle est bouclée, jusqu'à évolution. La leçon est répétée jusqu'à quelle soit apprise.

Ainsi va la vie

—J'ai évoqué au-dessus le Karma. Cela ne concerne que l'étincelle divine (mais avec des conséquences sur l'humain), ce sont des problèmes qui n'ont pas encore été résolus lors des réincarnations précédentes. Il y a différents stades de Karma. Les récents, en cours et finissant.

—Les Karmas créaient des désagréments sur la vie des personnes physiques alors qu'ils n'en sont pas responsables !

—Lors de karma fort, il va y avoir, une rupture de liaison entre l'étincelle divine et le corps humain provoquant un décès brutal, sans aucune raison apparente.

Ainsi va la vie

—Comme encore une fois, cette étincelle divine est porteuse des différents corps subtils, ainsi que les cinq sens subtils. Tous ces éléments sont acquis et grandissent dans le corps jusqu'à l'âge de la puberté. S'installent aussi les énergies vibratoires. (Chakras, entre autres)

Ainsi va la vie

MON FACTUEL.

Dans ce paragraphe, j'indique tous les éléments, faits, constats qui se sont produits dans ma vie, vue d'aujourd'hui.

Je prendrais ces éléments par ordre chronologique.

(*1*)—Lors de la naissance d'un enfant, la maman pour calmer son bébé caresse sa tête, son corps. Cette action instinctive a pour but de le calmer. Bien malgré elle, cette mère pratique un soin. Le magnétisme est transmis par ses mains. J'en profite pour dire que tous les vivants ont dû magnétisme. Le vivant sans magnétisme n'existe pas !

(*2*)—Un jeune enfant (< 2,5 ans) lorsqu'il est tout seul, joue, parle, sourit. En fait, il est en communication avec les entités subtiles qui l'entourent, que nous ne voyons pas.

—À la naissance, le cerveau des petits n'est pas tout à fait formé, structuré. Il n'a pas subi, en grandissant, des contraintes liées à l'éducation des parents, de l'école, de la société et autres formalismes. Son cerveau étant pur, il a la pureté originelle. Il peut communiquer sans difficulté avec ses entités. Avec l'âge et le formalisme de la société, il perdra cette faculté.

À ce sujet, je vais parler d'un événement qu'il m'est arrivé.

—Une amie avait, comme activité, la garde d'enfants en bas âge. Elle m'appela, elle voulait prendre un café à la maison, amenant avec elle l'enfant (22 mois) qu'elle gardait et qui était fort agité. En venant me voir, elle espérait qu'il se calmerait.

—En entrant dans la maison, l'enfant me paraissait normal, sans colère particulière. On fit nos salutations d'usage, puis je me suis baissé pour lui faire la bise.

Arrivant à sa hauteur, il mit ses deux mains dans le dos et fit trois pas en arrière.

—J'indiquais qu'il ne fallait pas se formaliser pour ce geste. Nous allions prendre le café en attendant. Tournant le dos pour aller à la cuisine, il me rattrape et avance vers moi, me prend une main qu'il embrasse, dessus/dessous, il me prit la deuxième, me fait la même chose. Lorsqu'il a fini, fait deux pas en arrière, son visage s'éclaire d'un immense sourire.

—Je demande à mon amie si elle a déjà vu ce genre de chose, elle ne me répond « jamais », je lui pose la question : as-tu une explication ? Réponse : "aucune"

—Comme indiqué plus haut, je suis connecté au ciel et à la terre en permanence. Les deux énergies subtiles se rassemblent, lorsque je le demande, pour ressortir au niveau de mes mains et poignets. Ce phénomène n'est pas visible par tous, mais par quelques personnes entre autres par les jeunes enfants à l'esprit non formaté. C'est avec cette sortie d'énergie que je soigne. Cet exemple met en évidence les énergies qui circulent dans notre corps et de leurs invisibilités.

(*3*)—Le hasard n'existe pas, il n'y a que des rendez-vous.

(4)—**Les 9 règles pour être un être humain**.

1 - Tu vas recevoir un corps.

2 - Tu vas apprendre des leçons.

3 - Il n'y a pas d'erreurs, seulement des leçons.

4 - Une leçon est répétée jusqu'à ce qu'elle soit apprise.

5 - Les leçons d'apprentissage ne finissent pas.

6 - Là-bas, n'est pas mieux qu'ici.

7 - Les autres ne sont que des miroirs de toi.

8 - Ce que tu fais de ta vie dépend de toi.

9 - Les réponses sont à l'intérieur de toi.

(5)—Découverte de ma propre Aura (voir ci-dessus) **Alain.Y**

(6)—Découverte de l'existence des forces qui m'entourent.

(7)—Ne pas jouer avec les forces que je ne connais pas.

(8)—Événement extraordinaire.

—Pendant une nuit, vers 3h00, j'étais à moitié réveillé, j'ai entendu un bruit qui finit par me rendre vigilant. Je regardai l'embrasure de la porte de ma chambre lorsque je vis deux formes flottantes dans l'air. À 30 cm du sol.

—Elles avaient une forme oblongue de 1,20 m de haut et 30 cm de large, émettant une lumière douce de couleur verte/bleue. Une chose étonnante, je n'étais pas effrayé. Je me sentais rassuré ! Nous nous sommes regardés un certain temps, au bout d'un moment voulant en savoir plus, j'allumais la lumière. Leurs disparitions furent instantanées. Je n'ai toujours pas d'explication sur ce phénomène !

(*9*)—Qu'est-ce qu'un lien éthérique ?

—C'est un lien non-physique, immatériel qui nous lie à d'autres personnes, à des animaux, des lieux, des objets, mais aussi à des âmes qui ne sont plus incarnées. (Ex : êtres décédés.)

—Tout au long de notre vie, nous créons ces liens, consciemment ou inconsciemment, volontairement ou non, nous naissons également avec des liens déjà présents.

—Certains liens sont, en effet, établis au cours d'incarnations passées ou dans l'astral, par exemple nous sommes liés à notre famille d'âmes, à nos Guides, à notre Flamme jumelle, etc... Ces liens sont bénéfiques pour nous, mais certains liens sont nuisibles.

—Lorsque nous nous attachons à quelqu'un ou à un objet, nous créons un lien éthérique. C'est un lien qui n'est pas visible à l'œil nu. Ce lien nous empêche très souvent d'avancer. Il peut également vous vider de votre énergie. Il peut être posé par vous ou par une personne.

—On retrouve des liens éthériques dans tous les domaines ; Amical, Sentimental, Familial, Professionnel. Les liens éthériques sont aussi appelés, attachements ou tubes éthériques.

—Avec le temps, les liens éthériques grossissent et grandissent et deviennent des cordes. En imageant, au début, le lien, ressemble à un rhizome. Au fur et à mesure, cela peut aller jusqu'à un tronc d'arbre.

Avec ce genre de lien, votre énergie file.

« Le sommeil ne vous fera pas remonter »

Exemple :

—Quand vous quittez une personne et que vous lui parlez au téléphone, vous n'avez plus d'énergie. Cela peut être aussi avec votre "ex". Vous avez la sensation qu'il ou (elle) est à côté de vous, alors qu'il ou (elle) est à des centaines de kilomètres.

—Le corps humain est parcouru par des courants énergétiques qui sont situés, pour les principaux, au nombre de sept, le long de la colonne vertébrale. Ils sont symbolisés par des **vortex** énergétiques, qui ont une fréquence vibratoire particulière. Ils harmonisent la circulation énergétique dans votre corps. Pour être plus précis, ces **vortex** énergétiques sont appelés Chakras.

Comment se créent ces liens ?

—Ces liens se créent lorsque nous interagissons avec d'autres personnes, nous sommes liés à eux, Animaux, Objets et Lieux que nous aimons, mais aussi parfois à d'autres personnes, Lieux, Etc... Qui ne servent pas notre plus grand bien.

—Lors de nos interactions quotidiennes, nous créons des liens temporaires qui se font et se défont tout seuls, mais également des liens plus profondément ancrés et forts selon le degré d'interactions.

—Certains liens néfastes se créent aussi avec des entités de basses vibrations sans que nous n'en ayons conscience.

Nature des liens ;

(*1*)—Ces liens peuvent être bénéfiques dans le cas de personnes, Animaux, Objets et lieux que nous aimons avec lesquels nos interactions sont positives, équilibrées et nous procurent de la joie.

Petits exemples :

—J'ai écrit que nous n'étions pas seuls, nous sommes entourés d'énergies et par conséquent de vibrations, j'ai dit aussi que le hasard n'existe pas, il n'y a que des rendez-vous, mais aussi, que ce que nous devons faire est déjà écrit.

—Hé bien, lorsqu'il m'arrive de croiser certaines personnes, qui font partie de mes connaissances ou pas, les entités qui m'entourent me demandent de rentrer en contact avec ces personnes pour leur délivrer un message simple et facile à comprendre.

Le message est le suivant :

« J'ai quelque chose à vous dire, vous êtes une belle personne, doublée d'une belle âme »...

En général, les personnes que j'accoste, se rappellent pendant très longtemps ce message. Leurs taux vibratoires augmentent rapidement et restent constants.

(*2*)—D'autres liens peuvent nous nuire, c'est le cas par exemple de liens avec des personnes qui nous veulent du mal, qui sont en colère après nous, qui veulent nous manipuler qui cherche constamment notre attention. (Que leurs intentions soient bonnes ou mauvaises) Ou certaines personnes que nous n'arrivons pas à pardonner.

Où sont-ils attachés ?

—Ils peuvent s'attacher partout sur notre aura, principalement, à l'un de nos **7 chakras majeurs**. Nos chakras sont des centres énergétiques et chacun représente une énergie spécifique, un message spécifique selon la nature des liens établis avec la personne ou la situation en question.

Lien chakra racine ;

—Si vous êtes dépendants financièrement de quelqu'un, parce que vous n'arrivez pas à subvenir à vos besoins, vous êtes temporairement sans logement, vous devez squatter chez des membres de votre famille. Vous êtes dans l'incapacité de vous prendre en main.

Lien chakra sacrum ;

—En cas d'abus sexuel, de dépendance sexuelle. Empêche la personne d'avancer, cela déséquilibre l'énergie. La perte d'énergie est fulgurante quand un lien est présent au sacrum.

Lien chakra plexus ;

—Si quelqu'un essaie de vous contrôler et si vous avez de la peine à prendre votre place, que l'on tente de prendre votre oxygène, votre air.

Lien chakra du cœur ;

—Si vous avez des sentiments pour quelqu'un, et pensez très souvent à cette personne, ou à la peur d'être quitté, d'être abandonné.

Lien chakra gorge ;

—Si avec votre moitié, vous voulez toujours avoir raison. Si vous avez des difficultés à vous exprimer, que les mots ne sortent pas, vous êtes déstabilisés et ruminez à ce que vous auriez pu dire.

Lien chakra 3 iéme œil ;

—Si on essaie d'imposer ses perceptions de la vie à quelqu'un d'autre. D'enfermer votre vision des choses, voire votre clairvoyance.

Lien chakra couronne ;

—Si vous considérez une personne comme un Dieu et vous vous en remettez à elle. Vous ne vivez qu'à travers elle.

Comment fonctionnent-ils ?

—Ces liens créent des échanges énergétiques entre les deux personnes attachées, ils peuvent par exemple nous permettre de ressentir leurs énergies, leurs émotions, d'échanger par télépathie.

—Les plus sensibles d'entre nous pourront sentir lorsqu'un lien devient néfaste et qu'une relation agit à leur détriment. En effet, parfois, certaines personnes sont des vampires énergétiques, c'est-à-dire des personnes qui vont pomper notre énergie consciemment ou non.

(Couper un ou plusieurs liens éthériques ne signifie pas abandonner la personne ni divorcer d'elle).

—Cela permet de se libérer et de se retrouver soi-même. Et ainsi, d'avoir l'énergie nécessaire pour faire ce que l'on désire. Bien entendu, les bons moments restent. Une fois les liens coupés, cela implique automatiquement un changement intérieur.

—Ces liens peuvent être coupés et ils doivent être coupés parfois pour notre plus grand intérêt.

—En général, lorsqu'une situation karmique se présente avec une personne et que nous apprenons une leçon, le lien se défait tout seul lorsque la leçon est maîtrisée.

—Mais parfois, la leçon en elle-même est la coupure de ces liens, c'est-à-dire savoir mettre des limites saines pour préserver notre énergie et ne plus tolérer certains comportements. (Ex : Manipulation, Quelqu'un qui cherche constamment votre attention, plus généralement des relations déséquilibrées, quelle qu'en soit la nature)

—Ces liens jouent un rôle et parfois les couper est la meilleure chose à faire. Idem lors d'attachements impliquant des entités négatives.

Remarque :

Les liens entre flammes jumelles sont indestructibles donc inutiles d'essayer de les couper, personne ne pourra y parvenir.

—Un lien pourra se reformer si la leçon n'est pas apprise à 100 % (que ce soit avec la même personne ou avec une autre personne le lien sera alors de même nature) ou si la personne sent que son influence sur vous lui échappe, dans ces cas, continuez ce travail.

Pour couper les liens, il existe plusieurs méthodes.

Voici quelques exemples :

Couper les liens doit toujours se faire dans la paix et dans l'amour en remerciant pour les leçons apprises et avec l'intention de servir notre plus grand bien, de ne pas nuire à autrui.

Les bonshommes allumettes. (Voir la vidéo sur YouTube)

AORA

—Permets de renouer les liens entre nos deux mémoires (Mémoires Subtiles/Humaines) et de les faire fonctionner à nouveau en synergie, l'âme comprend le message et le signifie au corps, qui peut alors supprimer le symptôme.

—Le corps humain a la faculté d'être auto - guérisseur. Cette fonction est effective lorsqu'il y a osmose entre le corps et le subtil. Dans la vie courante, l'activité désordonnée, le stress, fait que l'on privilégie nos activités externes, on oublie nos fonctions autos réparatrices du corps. Pour que tout rentre dans l'ordre, il faut faire un **Break**.

—La douleur est un signal envoyé au corps pour avertir qu'il a quelque chose à faire pour y remédier. Il faut faire ce Break dans un endroit calme, on doit arrêter toutes les activités.

—On s'allonge, on examine la douleur en détail avec vacuité, on l'analyse (Intense/Diffuse). Le but est de faire apparaître qu'il y a bien un dysfonctionnement dans l'intégrité du corps, de prendre en compte ce dysfonctionnement et enfin d'activer l'auto-guérissons.

La visualisation.

—Il suffit d'en émettre l'intention, de visualiser et de mettre des limites énergétiques pour ne pas servir de "nourriture" émotionnelle ni de "nourriture" énergétique à ceux à qui vous êtes lié.

Posez-vous dans un endroit au calme, où vous serez détendus.

Visualisez. (Comme si vous étiez face à un miroir.)

Commencez par les pieds puis remontez progressivement des pieds vers le chakra couronnent, voire plus haut.

—Lorsque vous visualisez, si vous voyez un Rhizome, une Liane, une Corde, il faut couper ce lien avec l'outil adapté. Cela peut-être : une paire de ciseaux, un coupe branche, une scie. Le lien est à couper au plus près de la peau.

—Vous pouvez faire appel à l'Archange Mickaël afin de vous aider à couper les liens.

—Une fois les liens coupés, vous pouvez demander à l'Archange Raphaël d'appliquer un baume protecteur, là où les liens ont été coupés.

—Dans tous ces cas, il y a des solutions, un Énergéticien, un Chamane/ un Magnétiseur ou un Passeur (se) d'âme. Ils peuvent intervenir pour vous aider à couper les liens, à vous nettoyer et à guider certaines entités pour Transmutation Divine.

—Ce qui peut aider aussi, c'est de reprendre votre pouvoir personnel, faire valoir votre libre arbitre, d'oser vous affirmer et dire stop lorsque la situation vous nuit, avant qu'elle ne devienne insupportable. Je vous encourage à toujours écouter vos ressentis et votre intuition.

Petit exemple :

—Lorsqu'une personne, Amie, ou Relation, vous ennuie, seule chose à faire, c'est de l'**IGNORER**, sans plus. Pour être plus clair, (**il ne faut jamais garder, en vous, tout ce qui vous nuit**). Garder des entités qui ne vous sont pas favorables vous épuise, diminue votre taux vibratoire, affaiblit votre bouclier énergétique et enfin, peut provoquer la maladie.

—Lors d'un soin, après avoir discuté avec le patient, je lui demande chaque fois (Qu'es-tu capable d'abandonner pour améliorer ta vie !) C'est le patient qui doit répondre, car la guérison est en lui.

Le dernier des messages, il est tout neuf.

Au 04/2021)

Il s'agit là de la tendance sur l'évolution de l'humain.

—Je suis allé, par curiosité, assister à une séance de **TCH** (Trans-Communication-Hypnotique) organisée par un médecin anesthésiste le docteur Charbonnier dans un grand hôtel en banlieue de Toulouse. Dans cette réunion, il y avait une cinquantaine de personnes, la séance a duré 1h30.

—Le but était d'être mis dans un état second (hypnose) pour entrer en communication avec les défunts pour la majorité des participants. La préparation de cet état second est faite par des assistants, par la suite le médecin dirige le groupe. Ma facilité pour entrer en état second ne me posait pas de problème particulier, mais j'étais gêné par le dégagement énergétique de la salle.

—Pour ma part, je voyageais dans le brouillard, sans attente particulière, lorsque, après un long moment, tout, c'est éclairci. Un panorama d'une clarté étonnante s'est révélé.

—Je voyais devant quelque chose d'épouvantable. Une ville immense complètement détruite, ayant subi des bombardements, des incendies, quelques habitations étaient rasées. En voyant ce désastre, je m'exclamais pendant mon voyage.

Pourquoi cette destruction, ce désastre ?

—Que dois-je faire ?

—Je ne comprends pas ?

Alors on me répondit !

« On t'attendait pour reconstruire »

—Retour immédiat dans la salle au milieu des autres participants.

Voilà les faits...

—Je me suis demandé pendant longtemps pourquoi on m'avait fait voir uniquement cette image de destruction et sa signification.

Si je me ressasse les événements et faits ci-dessus, à savoir :

— *La vision des corps subtils entourant le vivant.*

— *L'aura des arbres et leur bienfait.*

— *La vision spontanée de points énergétiques par de jeunes enfants.*

— *Lors de sorties de corps la transformation du corps humain en* ***vortex****.*

—*Empêchement de réaliser ce qui avait été programmé par la personne, mais refusé par le subtil.*

— *Des injonctions, obligations à faire des actes demandés par le subtil.*

—*La découverte et la sensibilité des corps énergétiques.*

—*La découverte et la sensibilité des corps vibratoires.*

—*La découverte du magnétisme.*

—*La découverte de l'énergie universelle céleste.*

—*La découverte de l'énergie universelle terrestre et tellurique.*

—L'intemporalité pendant les soins.

—La découverte de la conscience universelle collective.

—La découverte de la guérison et l'auto-guérissons.

—La découverte de soins à distance.

Tout cela me fait réfléchir, tout cela me pousse à écrire :

—Le hasard n'existe pas, il n'y a que des rendez-vous.

—La symbiose entre l'humain et le subtil est une réalité.

La disparition de l'humanité est programmée pour devenir énergétique et vibratoire. Lorsque toute l'humanité aura acquis les dons de Télépathie, de Clairvoyance, de Clairaudience, de Clairsentience, d'Intuition. Le corps humain, tel qu'il existe aujourd'hui, n'aura plus besoin de toute la complexité actuelle, parce qu'il sera devenu « **énergie et vibratoire** » Donc plus besoin d'un véhicule pour se déplacer, puisque le temps, les distances, les contraintes physiques auront disparu.

Voilà ce que je peux dire aujourd'hui en avril 2022.

...Mais...

Ce n'est, certainement, pas la fin...

À SUIVRE...

www.ingramcontent.com/pod-product-compliance
Lightning Source LLC
LaVergne TN
LVHW050601160826
845677LV00011B/2411
* 9 7 9 8 8 4 6 2 4 6 7 3 7 *